L'espace

Texte de Stéphanie Ledu
Illustrations de Didier Balicevic

milan

Si tu montais dans une **fusée**, tu verrais que la **Terre** est une grosse boule bleue.

4

La **Terre** tourne autour du **Soleil**. Elle tourne aussi
sur elle-même, très vite, comme une toupie !

La Terre a une voisine qui tourne autour d'elle :
la Lune. On dit que c'est le « satellite de la Terre ».

La **Lune** n'est pas toujours éclairée de la même façon par les rayons du Soleil. On peut la voir tout **entière**...

... ou voir seulement un **croissant** !

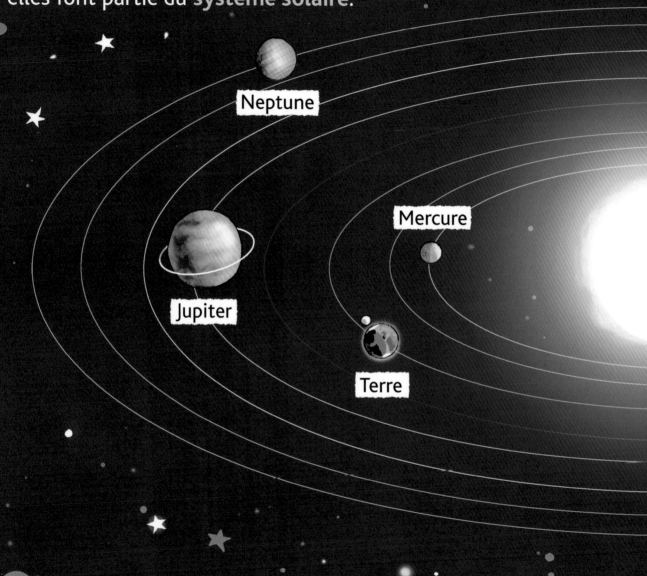

8 planètes tournent autour du Soleil :
elles font partie du **système solaire**.

Neptune

Mercure

Jupiter

Terre

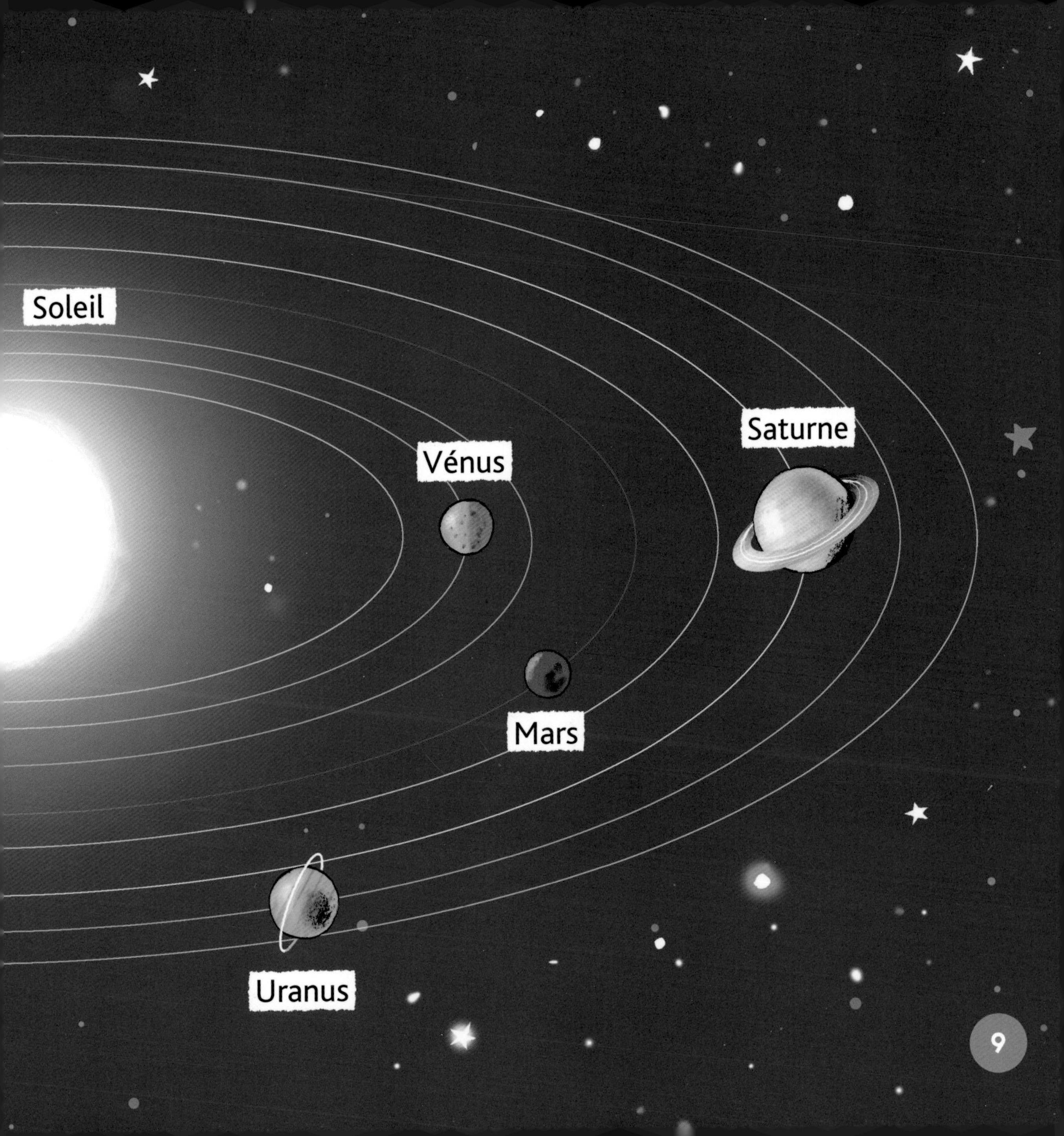

Soleil

Vénus

Saturne

Mars

Uranus

9

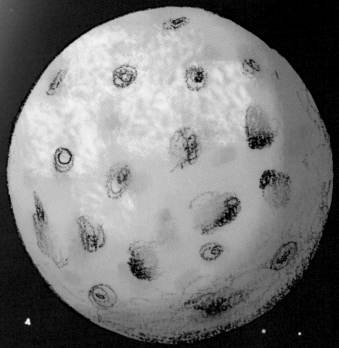

Vénus

Mercure

Mercure, Vénus, la Terre et Mars
sont petites et faites de roches.

Mars

Terre

11

Jupiter

12

Saturne

Neptune

Uranus

Jupiter, Saturne, Uranus et Neptune
sont d'énormes boules de gaz !

13

Le **Soleil** est une gigantesque boule de feu et de gaz qui explosent sans arrêt. Cela produit de la chaleur et de la lumière.

Le Soleil est une **étoile**.
Dans le ciel, il y en a
des milliards !

15

La nuit, tu as peut-être aperçu une **étoile filante**... C'est en fait une petite pierre venue de l'espace. Elle fonce à toute allure !

Parfois, une plus grosse pierre tombe sur la Terre :
c'est une **météorite**. En s'écrasant, elle forme un **cratère**.

17

Les astronomes observent le ciel grâce à une lunette géante : le télescope.

Voici *Hubble*, un autre télescope. Il a été lancé dans l'espace pour prendre des photos d'étoiles et de planètes situées à des milliards de kilomètres...

Le premier être vivant
envoyé dans l'espace
était une petite chienne, Laïka.

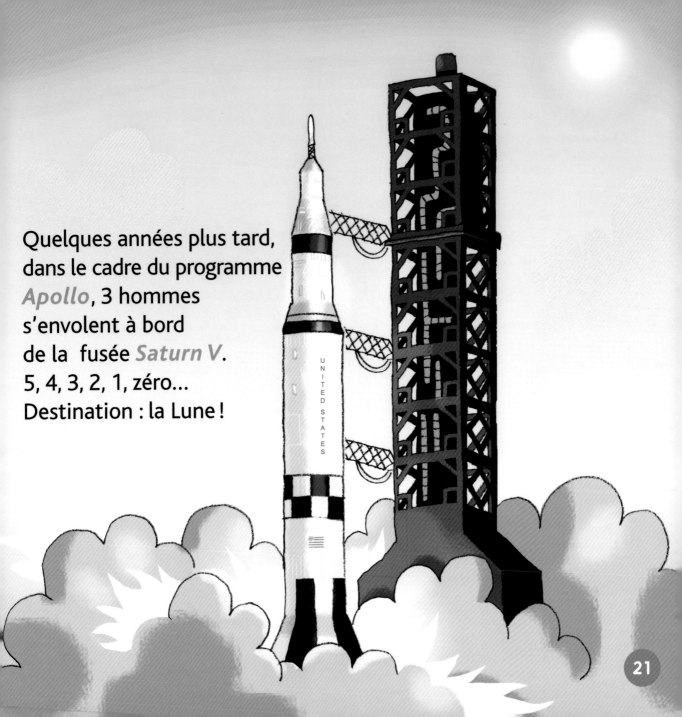

Quelques années plus tard,
dans le cadre du programme
Apollo, 3 hommes
s'envolent à bord
de la fusée *Saturn V*.
5, 4, 3, 2, 1, zéro...
Destination : la Lune !

Mission réussie ! Les **astronautes** plantent le drapeau de leur pays sur la **Lune**. Ils ramassent des cailloux pour les ramener sur Terre.

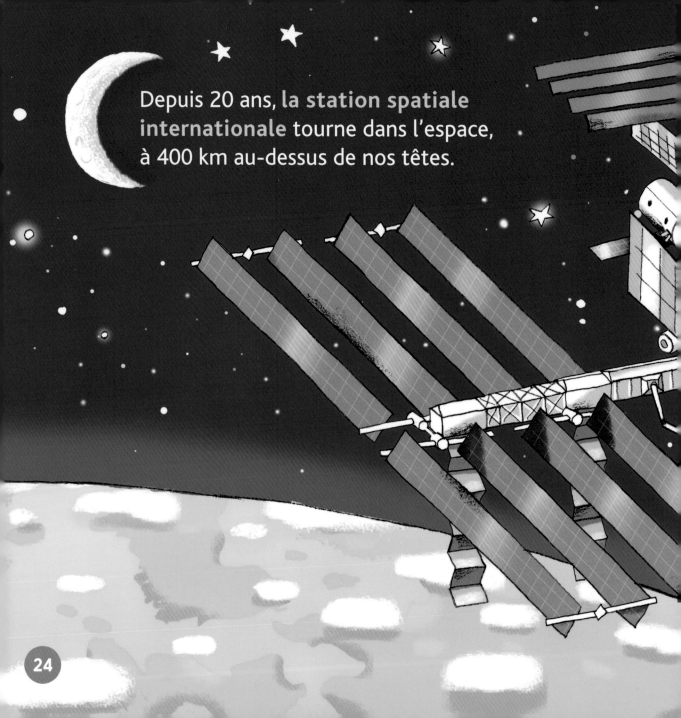

Depuis 20 ans, la station spatiale internationale tourne dans l'espace, à 400 km au-dessus de nos têtes.

Comme dans un immense jeu de construction,
il a fallu plus de 40 voyages en **navettes** et fusées
pour transporter et assembler ses pièces.

Ici, des **spationautes** vivent et travaillent.
À l'intérieur de la station, ils **flottent** :
dans l'espace, on ne pèse rien !

Pour sortir, ils enfilent un **scaphandre**,
avec des bouteilles d'air pour respirer.
Ils sont reliés à la station par un câble très solide.

27

Mars est la planète qui ressemble le plus à la Terre.
Les hommes voudraient maintenant la visiter
et peut-être l'habiter.

Et toi, tu aimerais y aller ?

29

Découvre tous les titres
de la collection

- Chez le docteur
- Le cirque
- Les Cro-Magnon
- Les maisons
  du monde
- La nuit
- Voyage en avion
- Le handicap
- Les châteaux forts
- Les animaux
  de la banquise
- Les animaux
  de la savane
- La musique
- L'école maternelle
- Les camions
- Les Indiens
- Le pain
- Le jardin
- La mer
- L'hôpital
- Paris
- La piscine
- Les bateaux
- Les dauphins
- Le chocolat
- Le vétérinaire
- Les robots
- Le bricolage
- Les loups
- Tout propre !

- Le camping
- Londres
- Les trains
- Le cinéma
- Le judo
- Les chats
- Le déménagement
- New York
- Les volcans
- Les dents
- Les chiens
- Les voitures
- Le vélo
- Le zoo
- Les maîtres
  et les maîtresses
- Les poupées
- Les grands-parents
- Les tracteurs
- Chez le coiffeur
- La pâtisserie
- Les fourmis
- Les motos
- Le président
- Le bébé